우리에게 아직 사랑이
남아 있다면

첫사랑
에디션

우리에게 아직

사랑이

남아 있다면

박여름

채륜서

시간이 흘러 다시, 프롤로그

 십 대 때 사진이 그리 많이 남지 않았어요. 무얼 믿고 저렇게 촌스러웠을까? 싶어 누가 볼 틈도 없이 삭제하는 습관이 있었습니다. 후회하고 있어요.

 한 사람의 마음을 돌려보겠다고 썼던 편지의 초안, 구질구질한 장문 카톡, 풋내기 사랑 가득한 손 편지 같은 것들 있잖아요? 1년 지나면 삭제, 3년 지나면 부끄럽고 5년 지나면 재미있고 10년이 지나면 값져 보여요. 지우지 말걸. 지우지 말걸.

 대학교에 다니는 게 안 맞았어요. 수업도 많이 빠졌고, 과제를 안 하는 것은 물론이었고 그때만 할 수 있던 열정 가득한 행사에도 참여해 본 기억이 없어요. 그러다 졸업 직전 어떤 수업에서 책을 한 권 만들어 보라는 거예요. 기획부터 인쇄까지 내가 해 보는 수업이었는데, 그 학기 제가 유일하게 개근했어요. 회상하고, 고민하고, 글을 쓰고, 처음으로 교수님께 질문이라는 것도 해 보고. 심장이 뛰었어요.

마감일을 늦추고 싶으면 교수님 댁에 와서 제출하라고 하셨는데, 조금 더 잘해보겠다고 충북 괴산까지 혼자 버스를 타고 굽이굽이 가던 기억이 납니다. 막국수에 수육이 맛있었고, 사모님께서 내어주신 차가 무척이나 시원했는데 두 분은 저를 기억하고 계실까요?

학교가 싫었는데 처음으로 그랬어요. 처음으로. 아마도 저는 마음을 다하는 일이 좋았나 봅니다.

이 책은 나의 약점입니다. 당장 지우지 않고서는 견딜 수 없던 그 옛날의 사진처럼 이리고 서툴고 약한 지난 시간이 담겨 있으니까요.

그렇지만 부끄럽지 않습니다. 약함이 귀하고 예쁘다는 것을 이제는 잘 알게 되어서요.

사람에게는 서마디의 기질이 있으니 단언할 수 없지만, 이 책을 고르고 이 문장을 지나고 계신 분이라면 아직 사랑이 남아 있으신 게 아닐까요. 당신에게도 박여름의 시절이 있지 않았을까요.

저는 그런 약한(멋진) 마음을 응원하지 않고 못 버팁니다.

사랑하세요. 사랑받으세요.
당신에게 사랑이 남아 있다면요.

역대급 무더위라는 2025년의 여름,
개정판 작업을 마무리하며

프롤로그

아주 어렸을 땐 빨리 어른이 되고 싶었습니다.
그게 되고 나면, 영화에서 보던 절절한 사랑이나 가슴 아픈 이별을 멋지게 할 수 있고 힘든 일이 와도 씩씩하게 이겨낼 수 있을 줄 알았거든요.

그런데 틀린 거예요.
스무 살이 되었다고, 거기서 또 한 살 더 먹는다고 해서 완전한 어른이 되는 것은 아니었어요.
저는 아직도 겁이 많고 자주 웁니다.

사람들이 더 좋아졌어요.
많이 이별하고 아픈 후엔 사람이 미워진다는데 전 달랐습니다.
가끔은 이런 내가 미운데 또 나만큼 다정하게 사는 사람이 어디 있을까 싶어 대견하기도 자랑스럽기도 해요.

나를 울게 하던 사람들, 또 나를 웃게 했던 기억과 소리, 색, 냄새. 걔네는 지금 어디서 뭘 하고 있을지 또 나는 어떤 감정을 배웠을지 괜히 나누고 싶습니다.

어릴 적 내가 적은 일기와 그 아일 위한 대답
그리고 나의 시를

사랑이 좋아서 외로운 이들을 위해 바칩니다.

박여름 드림

차례

시간이 흘러 다시, 프롤로그 05

프롤로그 08

01 아무리 거센 비에도 간절한 사람은 달린다

미지 16 · 보고 싶을 때마다 17 · 인연 18 · 내 차례 올까 19 · 그게 진짜 20 · 당신 이름도 모르지만 22 · 그럴 수 있지 않니 24 · 이유 25 · 화살 26 · 정답 27 · 그러면 좋겠다 28 · 싫은 사람 29 · 나에게 30 · 라디오에 사연이 도착했습니다 31 · 딱지 32 · 거봐 33 · 빈칸 34 · 마중 35 · 간절하지 않은 거다 36 · 떠나는 이유 37 · 겁쟁이 38 · 반복 39 · 말 40 · 아닌 게 아니지 42 · 잘못 43 · 책은 다 틀렸다 44 · 욕심이 나서 46 · 시험 47 · 소원 48 · 아닌 인연 49 · 어제와 오늘 50 · 마음 차이 51 · 모르면 알려주세요 52 · 알아줄까 53 · 와 주라 54 · 그럴 때 56 · 사치 58 · 어른이 되는 과정 59 · 두려움 60 · 여름의 연속 62 · 낙서 65 · 벼랑 끝 66 · 내 탓 67 · 알 것 같아 68 · 권태 70 · 이별 71

02 우린 왜 슬픔 앞에서도 어른인 건지

마지막 인사 74 · 결국 다 지나가는 일이 75 · 아플 자격 76 · 연극이 끝나고 난 뒤 78 · 슬픔 알갱이 80 · 다시 좋아질 기라는 말 82 · 내가 모르는 사이에 83 · 소리 없는 울음 84 · 들춰내기 86 · 괜찮지 않으면서 87 · 모래성 88 · 이렇게 말해 90 · 연습 91 · 말하지 않아도 92 · 집 93 · 만약 94 · 기도 95 · 편지 96 · 여기에 두고 가세요 97 · 네 잘못 아니야 98 · 할 것 100 · 그리운 사람들 101 · 기적 102 · 보고 있나요 104 · 나 105 · 반성문 106 · 주고 싶다 107 · 갈림길 108 · 올 거야 110 · 버릇 112 · 잘 살자 113 · 무언가를 해내면 114 · 눈 딱 감고 115 · 다행인 일은 116 · 밤에 쓴 일기 117 · 짝사랑 118 · 이해 120 · 해 뜬다 121 · 조금만 참자 122 · 스승 123 · 아저씨 눈물 124 · 주문 126 · 세상이 알려준 것들 128 · 사는 법 130 · 확신 132 · 그게 맞아 133 · 응원 134 · 세월 해결법 135 · 나무 136 · 위로 137

03 때론 돌아가고 싶은 믿고 다정한 기억이 있다

어쨌든 우리가 닿았다고 140 · 있잖아 141 · 풀지 못하는 밤 142 · 느낌 143 · 사랑을 하긴 했나 봅니다 144 · 약속 146 · 후회는 없지만 147 · 넌 알까 148 · 너는 가고 150 · 책임 없는 사이 151 · 알 리가 없지 152 · 남 153 · 이별 규칙 154 · 남몰래 156 · 예감 157 · 이별 현관 158 · 듣고 싶던 말 160 · 여행 161 · 그리움 162 · 명장면 163 · 사랑 앞에서만 하는 실수 164 · 이별이 될까 165 · 너에게만 멋진 말 166 · 바람 167 · 울지 마라 168 · 서운한 마음 169 · 이별이 오는 소리 170 · 내가 졌다 171 · 제자리 172 · 이럴 줄 알았지 173 · 사랑해 174 · 등 175 · 체념 176 · 찰나의 꿈 177 · 거짓말 178 · 뱉지 못한 말 180 · 잘 지내나요 181 · 사랑이 미워요 182 · 모양 184 · 종이 비행기 186 · 그래서 또 울겠지 188 · 세 글자 190 · 나 사랑할 때 예뻤지? 192 · 나는 있어 193 · 무례해서 다행이다 194 · 착각 195 · 꿈에서 만나 196 · 믿다 198 · 봄이 싫어졌다 199 · 사랑의 양면 200 · 쉬운 일 202 · 정말 사랑 203 · 그 사람 냄새 204 · 네가 남긴 206 · 사랑을 참은 적이 있다 208 · 내가 솜사탕 너는 비 209 · 사랑이 맞다 210 · 끝 211

04 그래도 다시 따뜻한 사람이 되자고

왜 이리 어려운지 214 · 사랑한다는 말로는 216 · 너를 만나 218 · 어떻게 알고 219 · 일기 220 · 지금일까 221 · Muse 222 · 시절 인연 223 · 미우면 사랑하라는데 쉽니 224 · 고향 226 · 나랑 약속 227 · 같이 가자 228 · 너를 바라며 230 · 누가 나에게 232 · 그냥 233 · 좋은 사람이 오려고 그러나 보다 234 · 담담하게 235 · 오래 오래 236 · 다시 볼 수 있을까 237 · 좋은 사람 238 · 회고 240 · 어른 241 · 새와 나만 아는 이야기 242 · 울더라도 245 · 네 연락 246 · 되지 않는 일 247 · 봉오리의 꿈 248 · 기댈 곳 249 · 이기는 법 250 · 성장통 251 · 사랑은 좋아 252 · 순서 253 · 사랑해서 그래 254 · 지나가요 255 · 누가 제일 그리우냐면 256 · 마주하기 257 · 노래와 기억 258 · 내일 할 일 259 · 우리는 얼마의 기한을 가졌을까 260 · 참아야 하는 사람 261 · 따라 해 봐 262 · 꿈 263 · 이상형 264 · 결말 265

에필로그 266

01
아무리 거센 비에도
간절한 사람은 달린다

미지

도달하지 못하면
사람이 어떻게 되는지 아나?

아쉽다고 하대

조금만 더 할걸 조금만 더 갈걸

그러나 마음대로 되나
그러니 이런 글을 쓰지

어쩌면
이라는 말은
너무 많은 것을 상상하게 하대

보고 싶을 때마다

정말 인연이라면
과정이 조금 험난해도 만날 수 있단다
그땐 힘을 주지 않아도 내 것이 된다고

포기하고 싶을 때마다 일기를 쓸까
가만히 나의 타이밍을 기다려 봐야지

이렇게 믿고 살다 보면
또 한 번 내 차례가 올 것이다
그게 인연이고 그게 진짜 내 몫이다

인연

그 자리에 나갈지 말지 고민한다

7시에 나갈까? 8시 반?
큰길로 갈까
골목 지름길이 낫겠다

인생은 매 순간 선택이다
그것은 상대의 타이밍이 나와 같아야
우리가 만날 수 있다는 말이기도 하다

이제 중요한 것은 마음을 전하는 것
좋은 사람이 있다면
용기 내 다가가 보는 것이 어떨까

내 차례 올까

한 사람을 오래 좋아하다 보면
나도 몰랐던 내 마음을 발견하게 된다

이렇게 지치지 않을 수 있구나
이렇게 너만 볼 수 있구나

언젠가는 우리 둘 마음이 닿겠지

그게 진짜

책임감은 그런 것

이렇게 하면 지는 걸까
너무 다 주는 게 아닐까
고민할 틈도 없이
몸이 너에게 달려가고 있는 것

열정은 그런 것

이 일이 맞을까
저 일도 해보고 싶은데
이럴 시간에
둘 중 하나에라도 전력을 다하는 것

사랑은 그런 것
말보다 먼저 몸이 그러고 있는 것

남들이 떠드는 꿈이나 사랑
나는 그런 거 잘 안 믿는다

고민 털어놓을 시간에
이미 일어나서 하고 있는 사람이 있더라니까

그게 진짜
그게 진짜

당신 이름도 모르지만

사람이 가장 비참할 때가 언제냐면
방 안에서 혼자 꺽꺽 울 때
그중에서도 소리가 새어 나갈까
입까지 틀어막고 몸부림치며 우는 거

이렇게 울다 거울 속 나와
눈이라도 마주치면 어쩌나
그러면 정말 무너질 텐데 어쩌나

그래서 내 방 안 거울은
다 등을 돌리고 서 있다

외로움에 울다
더 외로워지는 우리

적당히 아프고 슬픈 건 괜찮은데
부디 입을 막고 울 만큼의 슬픔은
없이 살았으면 좋겠다

당신 이름도 모르지만

그럴 수 있지 않니

다시 기회가 온다면 잘할 수 있을까?

뒤는 돌아볼 수 있으나
자책은 하지 말자 우리

마음이 자라고 있는 것이라 생각한다

이유

요즘은 아침에 눈을 뜨는 일이 힘들다
기대되는 일도 없고 보고 싶은 사람도 없다
이뤄놓은 게 없는 내 모습이 한심하면서도
막상 무언가를 하자니 일어설 힘은 없나

재미있는 일까지는 바라지도 않으니
살고 싶은 이유 딱 하나라도 생겼음 좋겠다
그러면 그 아이를 작고 예쁜 꽃 돌보듯
정성 쏟아 보듬어 줄 텐데

그러다 또 잃으면 슬프겠지만
그래도

지금 당장 살 이유가 나는 너무 필요하다고

화살

모든 것은 돌아온다

미워하는 마음
언젠가 남의 가슴에 남긴 상처
오만함에 뱉은 가벼운 말

정답

사는 게 너무 어려우니까
정해진 답이 있었으면 좋겠다가
그럼에도 남이 정해준 대로 해야 한다는 생각에
서럽다

내 삶에도 분명
현명한 선택이 있었다는 것을 알면서
왜 이리 남의 행복과 비교하는지
좋은 날은 가려둔 채 한숨 쉬는지

아마 날 가장 불행하게 만드는 건
내 상상력일지 모른다

그러면 좋겠다

이런 날은 누가 좀 안아줬음 좋겠다
너 하고 싶은 일 하라고,
너 그거 잘한다고
좋아하는 일 하는 모습이 가장 예쁘다고
실패 그거 나도 두렵지만
포기보다 낫다고

우린 다 잘 될 거라고
결국 다 잘 될 거라고
누구에게도 들어본 적 없는 말을
아무렇지 않게 건네줬으면 좋겠다

그러면 좋겠다

싫은 사람

돈이 없는 사람은
내가 더 내면 되니 그만이다

열심히 일해서 벌고
받은 사랑 나누면 그만이다

그런데
마음이 가난하면

남의 마음에 상처를 주니까
주고도 그 사람은 모르니까

그런 사람은 싫다

나에게

남에게 상처를 줄 수 없단 핑계로
네 마음 돌보지 못해서 미안해

네가 억울할 거 알면서도
아무 변명 하지 못해서 미안해

마음 맞지 않는 사람들에게서 버림받기 싫다고
좋아하지도 않는 얘기 들으며 손뼉 치게 해서 미안해

사랑받지 못하는 걸 알면서도
헤어질 수 없다며 네 마음에 비를 뿌려서 미안해

하고 싶어 했는데
실패가 두렵다며 네 꿈을 포기하게 해서 미안해

라디오에 사연이 도착했습니다

'그때 그렇게 말해서 미안해. 진심이 아니었는데.'
'잘 지내?'
'엄마 어제 싸증 내고 나와서 미안해요.'
'너 떠난 거 정말 후회했어.'
'보고 싶습니다.'

전하지 못한 얘기
여기 두고 가세요

라디오에
사연이
도착했습니다

딱지

사람 마음에는 타이밍이 있어서
시간이 지나면 돌릴 수 없다
그때 사과하지 않으면 진심이 되고
그때 달래주지 않으면 상처가 된다
홧김이었다 해도 실수였다 해도
시간이 너무 지나버리면
그 말은 내 마음에 앉는다
나는 그 말에 운다

거봐

내가 너무 우울해만 있으면 사람들이 떠나니까
그러니까,
적당히 다정한 말도 섞어보고
남 얘기도 들어보고
이렇게 되는대로 발버둥을 친다

이제는 마음에 비가 올 때
어디에 들어가 피할지보다
젖어버린 몸을 누가 보기라도 하면 어쩌나
괜히 가까이 와서 물이 튀었다며 날 원망하면 어쩌나
그게 그렇게 걱정이 된다

그래도 창밖을 보니 비가 그쳤다

'거봐, 이렇게 왔다 갔다 하더라니까.
마음도 그럴 거라고.'

빈칸

간절히 원하던 일이
잘 안되었을 때

마음에는 큰 구멍이 난다

어떤 일로 채울까
어떤 사람으로 채울까

아니 한동안은
그대로 두는 게 좋겠다

꼭
마음의 모든 자리를 채울 필요는 없다

마중

어젯밤까지만 해도 함께 웃다가
가시길래
잠시 다녀오시는 줄 알고
그저 보고만 있었어요

언제 오십니까
나는 아직도
당신 바래다준 문 앞에
남아서 기다립니다

이유라도 듣고 싶습니다

간절하지 않은 거다

그날 비가 와서 못 나갔어
우산도 없었어
감기에 잘 드는 체질이란 말야

에이
거짓말

아무리 거센 비가 내려도
간절한 사람은 달린다

우산도 없이 달린다

떠나는 이유

이유는 말해주고 가면 좋겠다
왜 나를 떠나는지
내가 당신에게 어떤 상처를 줬는지

돌려 달라는 말이 아니다
용서해 달라는 것도 아니다
내가 어떤 실수를 했는지 알아야
다음부터 안 그러니까
나도 몰라서 그랬으니까

그러니까

떠날 땐 알려주고 떠나
내가 다시는 그러지 않을 수 있게

겁쟁이

좋아하는 일 앞에
주저했던 날을 후회한다

그때의 난
좀 더 과감했어야 했다

설령 그 결말이 실패라 해도
그랬어야 했다

반복

내일이 되면
또 오늘을 후회하겠지

말

하나였다가
다시 둘이 되게 한다

몰랐다면 울 일 없었겠지만
결국 알게 된다

가끔은
아파도 듣는 게 나았다

하지도 않은 일이
내가 한 것처럼 부풀어 있다

그래서
사람들이 나를 떠날 때도 있다

한마디를 하기까지
일 년이 걸리기도 한다

그렇게 신중해도
후회될 때가 있다

미운 말 한마디는
백 마디의 사과로도 지워지지 않는다

나를 살게 하고
나를 죽게 한다

아닌 게 아니지

별것도 아닌데 왜 우냐는 너의 말
별것도 아닌 게 아니지
별마음이었지 별말이었지
나에겐 그랬지

잘못

마음에 여유가 없을 땐
가장 가까운 곳에
애꿎은 짜증을 부리곤 했다

나를 탓해야 하는 건데
가장 사랑해야 할 사람들에게
상처를 주고 있었다

너무 지쳐서
내가 실수했다

책은 다 틀렸다

아무튼
책은 다 틀렸다

최선을 다했다면 그걸로 되는 거라 했는데
뭐 하나 속 편한 게 없다

너무 애쓰면 언제나 더 많이 괴로웠고
보고 싶은 것들이 자꾸 떠올라
아무것도 할 수 없는 것이다

차라리 정이 없는 사람으로 태어났다면
많은 걸 잃어도 지금보다 괜찮았을 테고
몇 번 해봐도 아니다 싶은 건
쉽게 떠나보낼 수 있었을 텐데

최선을 다해도

잡을 수 없는 일들이 있다는 건

슬픈 일이다

욕심이 나서

잘하고 싶어서 그랬다
오답이 되고 싶지가 않으니까
욕심을 부렸다

그럴 때마다 체했다

시험

책상에 앉으면 꼭 별의별 걱정이 다 들었어
그러다 마지막엔 정해진 순서인 듯 눈물이 났지

간절해서 우는 거다
그러지 않았음 눈물도 안 났다

잘 될 거야

소원

작년의 오늘엔 태어난 만큼만 살자고 했어요
아픈 일도 힘든 일도
몰랐던 때로 돌아가는 게
그렇게 간절했습니다
그런데요

내가 소원을 빌 때
실수로 왼쪽 눈을 깜빡여서인지
손을 좀 더 꽉 모으지 않았던 게 잘못인 건지
바라던 일 중 어느 것도 이루어지지 않았어요

그래서 오늘은 유독 걱정이 많았습니다
올해는 어떤 소원을 빌어야 들어줄까요?

일단은 사랑받게 해 달라고 빌었어요
그래야 뭐든 될 것 같았어요

아닌 인연

떠난 사람은 그날이 아니었더라도 떠났을 거다
추억은 추억으로 남길 줄 알아야 한다
지나간 일과 사람엔 이유가 있다

어제와 오늘

어제까지는 정말 아무 생각 없었는데
이 노래 가사의 주인공이 이해되지 않았는데
오늘 들으니까 다른 거 있지

하루 만에 이럴 수 있나
내가 고민하는 게
내가 관심 두는 이야기
내가 공감하는 가사가
하루 만에 달라질 수 있나

다음 노래는 뭘까 하며 넘길 만큼
지루하던 노래

오늘은 그 노래를 들으며 펑펑 울었다

마음 차이

사람이 떠나면 슬픈 건
그저 한 사람의 자리가 비었기 때문만이 아니다

그 사람과 내가 생각한
우리 관계의 경중이 달랐다는 것

이유가 뭐든
한쪽이 덜
한쪽이 더

그런 마음이었기 때문에
기회도 주지 않고 나를 떠난 것

그 사실을 알게 돼서 슬픈 거다

모르면 알려주세요

모를 수 있고 실수할 수 있지
어떻게 처음부터 잘해요

모르면 알려주세요
실수하면 안아주세요

그럼 더 좋은 사람이 될게요

알아줄까

이렇게 살다 죽으면 알아줄까
커가며 늘은 거라곤
응어리와 울음뿐이었다는 걸 알아줄까
그걸 버티겠다고 꼬집어대느라
퍼레진 허벅지를 알아줄까
부모님께 다정하지 못한 밤을
매일 후회했다는 걸 알아줄까
남과 비교하느라
날 칭찬해줄 틈 한번 없는 인생이었다는 걸 알아줄까
나에게도 어디 꺼내놓지 못한 꿈이
하나 있었다는 걸 알아줄까
그래도 전보다는 꽤 나은 사람이 되었다는 걸 알아줄까
네 편이라는 말이 그렇게 듣고 싶었는데
그걸 알아줄까

와 주라

잘 빨아놓은 이불에 얼굴을 파묻어봐도
따뜻한 우유 한잔을 해도 소용없다가
해가 가장 쨍쨍한 시간이 되어서야 겨우 잠에 든다

와 주라
뭐라도 좀 와 주라

잠이든 꿈이든 용기든
기다리는 사람이든
아니 제발 뭐 하나라도 내 뜻대로 되게 해주라

사실 잠은 핑계다

한밤 더해갈수록 오지 않는 게

잠만은 아니라는 일이 더 슬펐다

실은 이게 슬펐다
나는

그럴 때

그런 날 있지
사는 게 재미없고
나 없이도 세상은 잘 돌아가는 것 같을 때

우리 마지막으로 웃던 날이 언제였을까
걱정 없이 꿈을 꿀 수 있는 날이 또 올까

요즘엔
바쁘게 뭔가를 하다가도
밥을 잘 먹다가도 운다
자다가도 베개가 젖어 깬다

다시 들지 않는 잠에 노래를 들으려는데
그 노래가 너무 슬퍼서 또 우는 거 있잖아

모두 고민을 안고 산다는데

내가 보기엔

다들 행복해 보이는 거 있잖아

그럴 때

사치

요즘엔 혼자 밥도 잘 해 먹고
어두운 길 산책을 자주 한다?
전보다 겁이 없어져서
좁은 방 불을 끄고도 제법 잘 견뎌

이렇게 잘 지내는데도
가끔 울컥하더라

정확한 내 편이 있으면 좋겠다고 잠깐 생각하다
지금은 사치라는 생각에 접는다

외로움은
적응할수록 더 외로울 때가 있다

어른이 되는 과정

의지할 곳을 찾고 싶다가도
또 너무 기대 버리면
부담이시 않을까 하는 생각
살아온 얘기 다 말해주고 싶었으면서
지겨워 떠나면 어쩌나 참아내는 소리

의도하지 않게 어른이 되는 과정

두려움

불안하지
어떤 사람이 될지
그게 되어 살아가는 인생은
지금보다 따뜻할지 아니면 더 많이 울지
궁금하기도 하지

그런데 입 밖으로 꺼내면 정말 더 불안해질까
두렵지 않은 척 사는 거야
어떻게 보면 고집이지

그런데 마음이 이러니까
정말 아무것도 못 하겠다
딱히 게을러진 것도 아닌데
무서운 게 많아 포기하는 기분 알아?

나만 제자리인 것도

금방 놓는 버릇도 싫은데

달려들다 실패할 게 가장 두렵다

여름의 연속

매일 방 안에만 있으니 답답해 창문을 열었다
여름이 훌쩍 다가와 세상이 온통 초록이던 날
햇살에 눈이 부시던 날
매미 울음소리 적당해 듣기 좋던 날
거리의 사람들이 눈으로 행복을 말하던 날
내가 있는 곳과는 분명 다른 느낌이었지

지겨워졌어
나도 바깥에서 살고 싶어
여긴 처음만 좋았지 매일 똑같아
새로운 게 좋잖아

한참을 구경하다 보니 밤이 됐다
초록 잎은 어둠에 가려 보이지 않고

매미가 밤잠 자고
사람들이 집에 가고
여름밤 습한 더위만 남았다

며칠 이런 구경을 반복하니
여름이 그리 예뻐 보이지도 않았다
덥고, 습하고, 벌레도 많다

아 재미없다
얼른 가을이 왔으면 좋겠다

지겨워 창문 닫고 돌아 내 방을 보니
이 공간이 나를 위로하던 기억이 떠오른다
이곳에 오면 살고 싶어지던 기억이 떠오른다

이곳에도 분명

행복할 이유가 있는데

항상 함께해서 몰랐던 거다

나는 왜 창밖의 여름만 찾았을까

예쁜 풍경도 시간 지나면 지루해질 텐데

왜 자꾸 새로운 게 더 좋아 보였던 걸까

사는 게 꼭

이번 여름의 연속 같다는 생각을 했다

낙서

그냥 가장 먼저 생각이 나는 곳이었어요
예쁜 꽃도 없고 내 엄마도 없지만
목 놓아 울 수 있는 유일한 장소였으니까요

가장 편안한 곳이기도 했고
나를 가장 외롭게 하는 곳이기도 했습니다
죽고 싶을 때마다 거길 찾아갔어요
보는 이 하나 없는 그곳에서
혼자 손을 뻗어 살려달라는 애원도 해보았고요

그렇게 실컷 울다 돌아가기 전 담벼락을 보니
힘들 때마다 습관처럼 적던 말들이 어느새
두 면을 채우고 있었습니다

삶, 삶, 삶, 삶

벼랑 끝

벼랑 끝이라는 말 있잖아
내 인생의 벼랑 끝은 어디였을까
아직 벼랑 근처에도 가지 않았다면
그건 슬플 것 같다

그때 겪은 그 기억이
최악일 수 없다면
나는 자신이 없어요

내 탓

내 팔이 조금 더 길었다면
내 시린 등까지 꽉 안아줄 수 있었을 텐데

내가 힘든 건 다른 거 아니고
그냥 내 팔이 짧은 탓이다

내 잘못이다

다른 사람은 잘못 없다

알 것 같아

아
뭔지 알 것 같아

네가 왜
바깥으로 나오지 못하고
창문 너머 나무만 쳐다보고 있었는지
잠들지도 못할 거면서
종일 침대 위를 벗어나지 못했는지
아침되어 눈을 떠 놓고도
왜 계속 질끈 감았는지

이제야 알겠어

살 용기가 없던 거지

재밌는 일이 없고
보고 싶은 사람도 없고
사는 게 비기윘던 거지

요즘은
어떻게 지내

권태

세상에서 젤 좋아하고
행복해하던 일이
더이상 재미있지 않을 때
나는 지친 거겠지

이별

나는 오늘
제일 좋아하는 일을 하나 끝냈습니다

02

우린 왜 슬픔 앞에서도
어른인 건지

마지막 인사

사람의 진짜 모습은
마지막에 나온다
아플 때, 지쳤을 때,
굳이 괜찮은 면면을 보일 필요 없을 때처럼

사실 그의 좋은 모습은
나의 의미 부여와 환상이었을 수 있고
참 괜찮은 사람이었는데
내가 오해했음을 깨닫게 될 수도 있다

하나의 관계가 끝나고 남는 것은
그 사람의 마지막 태도가 아닐까

결국 다 지나가는 일이

너 아니면 안 될 것 같았지만
또 다음 사람에게 쩔쩔매고 있었고
꿈은 멀어지다가도
내게 희망을 줬다

운이 안 좋은 날도 있었지만
분명 그게 통해서
덕을 본 날도 많지 않았나

억울할 만큼 막막할 땐
좋았던 순간이 있었음을 떠올리면 된다

결국 다 지나가는 일이
우릴 힘들게 한다

아플 자격

너 나한테 말로 상처 주네
라고 말하려다가 말았다

터벅터벅 집에 돌아오는 길
나 때문에 울던 애들 얼굴이 스친다
내가 모르는 아픔도 많을 테지

상처가 무서운 게
준 사람은 준 것도 모른 채로
끝날 수 있기 때문

주고받은 적 많은 이들은
이래저래 아프단 소리도 못 한다
혹시나 나도 같은 놈일까 봐

네 말이 너무 쓰라렸다고
말할 엄두 못 내기 때문

연극이 끝나고 난 뒤

함께 있으면 닮아갈 것을 생각하니
전혀 기쁘지가 않다

가만히 앉아 눈을 감고 숨을 쉬다가
일어나서 천천히 앞으로 걸어간 후
하차 벨을 누른다

'너 어디 가니
우리는 열 명이고 이제부터 너는 하나일 텐데
후회 안 하니'

이 차에서 내리면 얼마간은 외로울지 모른다
우리는 같은 일을 하는 사람이니까
아무리 돌아가고 피해 가도 마주치게 될 테니까

그러나 저는 이만 내릴래요
어떤 잘못된 선택은
함으로써
평생을 해명하며 살아야 하잖아요

북적북적
여럿이 하나인 듯
지금은 덜 쓸쓸하겠지

너는 사랑을 알까
사랑을 쓰는 주제에
그래도 되니

너는 가짜인 걸 아직 모르지

슬픔 알갱이

실컷 바다 보러 갔지

원 없이 삼키고 집에 돌아왔는데
며칠이 지나도 모래가 나와

털어도 불어도
물로 헹궈보아도
신경 쓰이는 작고 아픈 손가락

그 알갱이 알갱이가
꼭 미련인 것만 같았다니까

모래 장난을 치지도 않았고
그냥 걸었을 뿐인데

백 년은 거기 뒹굴며 산 사람처럼
모래가 나오더라니까

비우러 간 곳에서조차
무언가를 가득 담아 오네
나도 모르는 사이에

바다를 한번 보고 오면
여운이 길다

다시 좋아질 거라는 말

잘하고 싶을수록 어려운 것은

그 사람을 몰랐다면
이토록 애끓을 일 없을 테니 좋았겠지

이불 같은 봄 햇살을 몰랐다면
겨울밤이 어둡고 차갑다는 생각도 못했겠지

아예 재능이 없었다면
그 꿈에 기대를 걸고 시간을 낭비할 일 없겠지

행복해 봐서 네가 지금 아픈 거다

내가 모르는 사이에

누군가의 마음을 몰라줘서
알고도 모른 체해서
아프게 한 것에 대한 벌을

사랑하는 너에게서 받고 있나 보다

누가 나 때문에 울었을까
누가 내게 쩔쩔매었을까
누가 내 답장을 기다렸을까
누가 나를 미워했다 좋아했다 미워했다 좋아했다
했을까

소리 없는 울음

전에 만난 어떤 아저씨는
딸을 잃은 슬픔을 감추기 위해 더 많이 웃으신다 했다
친구 중 하난
오래 만난 애인과 헤어진 날에도
나를 만나 밝은 표정을 하고 재잘댔다

다들 숨기고 산다
다들 그 웃음 뒤에 하나씩은 감추고 산다
말이 하나지
그 사람들 수십 년의 인생 속엔
사연이 많다 그리움이 많다

슬픔을 티 낼 자격이라는 게
꼭 주어져야만 누릴 수 있는 건지

왜 힘들다고 말하지 못하고 애써 살아가는지
우리는 왜 그 앞에서도 어른인지

부디 가끔은 소리 내어 울어주시기를

들춰내기

고작 한 마디의 말을

주워서 집까지 걸어오고
그 꼬깃꼬깃한 것을
굳이 다리고 굳이 말리고
굳이 다시 읽어보면서

나를 아프고 피곤하게 하는 것은 나

남들은 그냥 넘기기도 한다던데
신경 쓸 말 아니라던데

굳이 틈을 내서 꺼내 읽고
상처를 만들어 냈더랬지

괜찮지 않으면서

괜찮다는 말을 자주 뱉는 사람이 있었다
누가 욕을 해도 '괜찮아' 하며 웃고
하얀 셔츠에 얼룩이 져도 '괜찮아요' 하며 웃는다

너는 대체 뭐가 그리 괜찮냐 물었더니

웃으며

'그래야 안 떠나잖아'

아 그랬구나
너도 어려웠구나
싶은 날

모래성

사람들은 저렇게 신이 나서 웃고 있는데
왜 등을 진 채 모랫바닥만 긁어대냐고
내가 물은 적이 있지요?

그냥, 그냥요.
당신이 한숨과 함께 뱉어내던 말은
길지도 않은 게 어찌나 슬픈지
아직도 가늠하기가 어려워요
아주 힘들었던 거겠죠?

미동 없이 앉은 채로 모아낸 모래 뭉치는
어느새 몸보다 큰 성 하나가 되어있었고
그게 살고 싶단 말인 줄 겨우 내가 알았을 때
이미 당신은 가고 없네요

사람들은 당신 가고 나서야
이 모래성을 찾아오는데
나는 그게 얼마나 밉게요?

이렇게 말해

마음에 욕심이 일어날 때가 있다

평소 같으면 겁이 나 시작도 못 할 텐데
이상하게 포기하기 싫어 고집부리고 싶을 때가 있다

그럴 땐 마음 따라 가면 된다

대신
잘 안되었다고 나를 미워하는 일은 없어야 하니까
시작 전에 꼭 이렇게 말해

'그냥 해 보는 거야.
잘 되면 좋은 거고 안 되면 그만인 거야'

연습

나는 걱정이 많은 사람이 행복했으면 좋겠다
마음 쓸 일에 실컷 써본 사람과
순해 빠진 고집도 고집이라고 지킬 줄 아는 사람이
많이 웃었으면 좋겠다

세상이 그걸 몰라줘도 난 다 안다고
당신이라도 아직 다정해서 다행이라고
초라하게 굽은 등을 쓸어 내리며 얘기해주고 싶다

언젠가 우리 더 가까워질 날이 온다면
이 말이 그렇게 하고 싶어
매일매일 좀 더 그럴듯한 문장으로 다듬는 연습을 한다

말하지 않아도

침묵을 해석할 수 있게 되었다는 건
더 많은 이해를 갖게 되었다는 것

집

너무 힘이 드는 날에는 나를 찾아오면 좋겠다
쌓인 응어리 털어놓을 수 있었음 좋겠다
시답잖은 농담 섞인 내 말에 위로받을 수 있었음 좋겠다

그러기 위해서 난 항상 여기 있다
언제 찾아오든 헤맬 일 없게
나는 항상 같은 자리다

사람에 대한 사랑이 나를 묶는다

만약

가까운 사람일수록 솔직하기 어렵다
남에겐 쉽게도 말하는 얘기들이
혀끝에 꽉 막혀 나오지 않는다
오늘은 좀 털어놓고 싶었던 날인데
이게 나와주질 않아 답답해

시간이 지나며 숨기는 감정이 늘어간다
어떤 마음이든 표현해야 한다고 말하던 내가
요즘 조금 변한 것 같아

차라리 말이야,
우리가 조금만 더 멀었다면 말이야,
난 네게 힘들 땐 힘들고
아플 땐 아프다고 말하기 쉬웠지 않을까?

기도

수십 번을 봐도 슬프지 않던 유명한 영화의 대사가
한순간 가슴에 꽂힐 때가 있다
죽어라 들어도 공감되지 않던 노래가
밤새 날 울려 아프게 힌 적이 있다

참 신기하다
"난 이런 사람이야" 입이 닳도록 말했지만
많은 일을 겪으며 변했고
변한 나를 받아들이지 못해 더 큰 것을
떠나보내기도 했으니까

사람의 상황과 마음이 매 순간 같을 수 없다지만
부디, 버틸 수 있을 정도이기를

내 소중한 사람들이 떠나가지 않기를
간절히

편지

그러니까 아프지 말아 달라고
내가 위로하기에 당신은 너무 먼 곳에 있으니까
그렇게 울지 말아 달라고
행복하지 않다면 그만 포기할 줄도 알라고
당신도 그렇게 그 사람들처럼 정 없이 살아보라고
그렇게 참지만 말고 똑같이 함부로 말할 줄을 알라고
혼자 울면서 억지로 노력하는 것 관두라고
까진 무릎 부여잡으며 그 사람 따라가는 일
이제는 그만하라고

언젠가 딱 당신 같은 사람 만나면
그때 지금처럼 사랑하라고

여기에 두고 가세요

취업에 대한 고민으로 울던 날
잘 풀리지 않던 사랑에 아파하던 밤
가난한 삶에 대한 설움까지

인생은 왠지 나에게 가장 가혹한 것 같습니다
얼마나 더 간절해야 잘 살 수 있을지 모르겠어요
아마 이 글을 보는 당신도 이런 고민이 있겠죠

그래서 편지를 씁니다

나는 늘 여기에 있어요
필요한 아픔이 아니라면 여기에 다 두고 가세요
많은 고민 짊어지고도 잘 살아줘서 고맙습니다

네 잘못 아니야

그런 날 있지
힘든 일이 한꺼번에 몰려올 때

사랑과 이별이 동시에 온다거나
나를 미워하는 사람이 유난히 많던 때
내가 걷는 길 뒤엔 꼭 소문이 따른 적도 있어
내가 못된 애인 걸까
내가 실수해서, 고치지 못해서 미움받는 걸까

많은 고민을 했지만 그럴 필요 없었어

네 잘못 아니야
처음부터 그러길 바랐던 사람들이야
네가 그렇게 되기를 원한 사람들이야

자책할 필요가 없단다

더 좋은 사람이 되어 현명하게 이겨내면 된단다

내게 가장 필요했던 말

할 것

결국 기회는
그나마 더 용기 있는 겁쟁이에게 돌아가는 것이며
우리 인생은 매 순간 변화한다

좋은 게 있다면
때를 놓치지 말 것
이루고 싶은 목표는
몇 번의 좌절 속에서도 안고 갈 것
부족한 용기로 떠나보낸 것은
원망하지 말고 마음 가는 만큼 애쓰다 보낼 것

내일이 올 수 없을지도 모르기에
더는 잃고 아쉬워하는 일이 없어야 한다

그리운 사람들

아직 시간을 들여 만나는 일이 어려울 나이는 아니다
쉬는 날이 맞으면 여행을 가도 되고
고향에 돌아가면 언제든 밥 한번 먹을 수 있을 테고
생일이 오면 챙겨줄 여유 하나쯤은 있을 나이다

시간을 들이지 않는 사람과의 관계가 아까워졌다
만나지 못하는 이런저런 이유가
결국 핑계라는 것도 나는 안다

오늘 본 얼굴이 마지막 모습일지 모르는 우리
소중한 건 늘 바로 옆에 있고 그걸 알게 될 즘이면
그 사람은 가고 없다

그리운 사람들

기적

나는 자연의 이치에 의미 두는 일을 좋아한다
특별한 달이 보이는 날이나
날짜의 대칭이 맞는 날
그해 첫눈이 오는 날도 좋다

눈을 꼭 감고 소원을 빌면
이루어지지 않아도 마냥 행복했는데
오늘은 조금 욕심이 났다
이번엔 들어달라고
나 엄청 착하게 살았다고 빌었다

이루어진다면 기적이고
꼭 그렇지 못해도 억울해하지 않을 테니까
조심히 돌아가세요

아무에게도 하지 못한 얘기
들어줘서 고맙습니다

달에만 꺼내놓은
내 비밀도 있다

보고 있나요

당신도 힘이 들어서 우는 거겠지
힘이 들어서
위로받을 드라마를 찾고
영화 속 대사를 찾고
이런 글을 찾아 읽고 있는 거겠지

나

그나저나 앞으로도
이유가 없이 누굴 미워하진 못할 것 같다

반성문

뜻대로 되는 일 하나 없는 하루를 보내고
애꿎은 사람에게 상처만 준 하루를 보내고
집에 돌아가는 길

내일은 더 잘 살아야 한다

주고 싶다

'내가 가진 게 더 많았다면 더 좋았을 텐데.'
뒤집어진 주머니 만지작거리며 삼키는 말

좋아하는 사람들에게는 사사만 뭘 주고 싶다

갈림길

남 말 듣지 않고 달리다
끊긴 길에 머리가 하얘지던 때가 있다

옳게 가는 것이라 믿었지만
내 길이 아니었을 때

그럴 땐
자책할 시간에 다시 돌아 나가면 된다

주저할 시간이 아깝다

그럴 시간에 노력했다면
난 아마 하늘만큼 높은 사람이 되었을지 모른다

인생은 거기에서 갈린다

후회하는 일에 시간을 쓸 것인지
신발 끈을 다시 묶고 일어날 것인지

올 거야

교복 입던 나이 내내 붙어 다녔지만
크게 싸워 멀어진 친구가 있어
노력에 보상받을 수 있을 거란
간절한 믿음 하나로 준비한 시험에서 떨어진 날도
결혼할 것처럼 사랑했지만
이 사람과 평생을 함께하는 건 외롭겠다
깨달은 날도 있었지

시험도, 우정도, 사랑도
몇 번을 했는데 아직 모르겠어

내 느낌이 맞다 믿고 싶은데
그게 틀렸다는 걸 증명받을 때마다
사는 게 너무 힘들다

그래도 올 거야

꿈, 사람,

나를 기다리는 사랑도 있겠지

속는 셈 믿어보고 싶은 거 다들 있잖아

버릇

비교한다고 나아지는 게 없단 걸 알면서도
자꾸만 남의 삶 앞에
내 것을 대어보게 된다

남이 받는 사랑
남이 가진 재능
그럴수록 내가 가진 게 초라해 보이는데
이걸 계속한다

내 자존감을 낮추는 사람은
다른 누구도 아닌
나

잘 살자

요즘은 자주 나에게 말을 건다

야, 너도 잘하고 있어
나는 삶 앞에 애쓰는 네 모습을 존경해
나는 네가 꾸준히 다정한 모습을 사랑해

그러니까 기죽지 말자
비교하지 말자
잘 살자

너를 사랑하는 사람이 많다니까?

무언가를 해내면

비 오는 날이라면
무작정 싫다던 내가

오늘 아침 빗소리에
창문을 열고 손을 뻗었습니다

달라진 내 모습이 어색하지만
싫진 않아요

생각해 보면
싫어하던 걸 좋아하게 됐을 때

나는 성장했던 것 같아요

눈 딱 감고

갑자기
오늘이 마지막일 수 있으니까

어떤 것도 미루지 마

하고 싶은 게 있으면 해

다행인 일은

힘이 들 때
전화를 걸 사람이 있다는 것

밤에 쓴 일기

누구나 하는 말을 건네는 사람이 되고 싶진 않다
그럴듯한 문장을 베껴 위로하는 일도 싫고
남의 인생이 부럽다고 따라 하는 일은
죽었다 깨어나도 할 생각이 없다
내가 뱉어낸 말이 잘못이라는 걸 깨달았을 땐
피하지 않을 것이고
용서를 구할 땐 변명하지 않겠다

자주 다짐하는 만큼 성숙한 사람은 되지 못했고
지키고자 하는 일 앞에 하는 실수도 많지만

나는 여전히
등을 약간 굽힌 채 살아가고 싶다

오만한 사람은 되지 말자고 매일 중얼댄다

짝사랑

교복을 입었을 땐 샘이 많았는데
어른이 되어보니 이게 하나도 없다

이제는
나보다 열심히 사는 사람들을 사랑하는 일이 좋다
나보다 다정한 사람을 보면 마음이 반짝인다

'좋은 사람 주위에는 좋은 빛이 난다'

맞아,

바라보는 것만으로 기분 좋아지는 사람이 있다
가진 재능이 많아도 여전히 겸손한 사람이 있다

부쩍 짝사랑이 늘었다
내가 하는 짝사랑은 다른 거 아니고
아름다운 사람을 존경하는 일

내게 없는 능력을 가지고 있는
부럽고 멋진 사람들

이해

미운 마음이 생기려 하면
얇은 손목을 꽉 쥐어 그걸 참아낸다
그러다 혼자 중얼대

'나도 그런 사람이었던 적 있겠지'

이렇게 생각하면 조금 이해가 된다
이해가 되면 용서가 된다

자잘한 일은 용서할 줄 아는 게
어른이랬다

해 뜬다

그땐
더 살면 후회할 것 같았는데
지금 생각해 보면
그때 죽었으면 정말 많이 후회했을 깃 같아

잘 버텼다
잘 살았다

한겨울에도
기어코 아침은 온다

조금만 참자

하늘도
비 온 뒤 해가 질 때

가장 예쁜 색을 낸다

스승

세상을 진하게 산 사람 옆에서
그걸 배우고 싶다

엉엉 울면서라도
좋은 사람이 되는 길을 배우고 싶다

아저씨 눈물

밥을 먹다 울던 아저씨

이렇게 맛있는데
왜 울어요 아저씨

어린 나는 이해할 수 없던
아저씨 마음

그러다 어른이 되었고
유난히 힘들던 어느 날

밥을 먹는데
눈물이 줄줄 나던 날

아
힘들면
밥을 먹다가도 울 수 있구나

그래 이 마음이겠구나
이제야 알겠다

주문

좋은 기회가 온다
좋아하던 일을 잘하게 되고
막연했던 꿈에 가까워진다
그리고 그 걸음은
누군가를 살게 한다
그 힘으로 나는 버틴다
지키고 싶은 꿈과 사람들이
떠나지 않는다
나를 진심으로 응원하는 사람들이
행운을 만난다
우리 가족에게 좋은 일이 온다
돈 때문에 울 일도
꿈 때문에 무너질 일도 없다

기적이 온다

기적이 온다

올해엔 이루어진다

세상이 알려준 것들

용서해도 괜찮은 일과
용서하지 않아도 될 일이 있다는 것

내 마음이 지친 때일수록
남을 대하는 말과 행동에 신중해야 한다는 것

사랑 앞에 자존심 필요 없지만
비굴할 필요도 없다는 것

좋은 사람은 되어도
약한 사람이 되어선 안 된다는 것

굳이 내 단점을 들춰
매력 없는 사람을 자처할 필요 없다는 것

내가 믿는 길을 확실히 해

되고자 하는 사람이 되고 말아야 한다는 것

어른이 된 나에게 세상이 알려준 것들

사는 법

그래도 산다
어찌어찌 살아낸다

예전만큼 불필요한 투정도 부리지 않고
남이 가진 것을 시기하지도 않고
부족한 대로 산다

하고 싶다고 급하게 뛰어들다
체하는 일도 줄었고
일이 잘 안 되었다고 자책하는 버릇도
전보다 무난하게 고쳐가고 있다

이렇게 살다 미지근하다 느끼면
조금 더 부지런히 살아 달구면 되는 거고

너무 뜨겁고 무거워진 마음에 힘들 땐
거기 앉아 바람 쐬면 되는 거고

살다 보면
살아지더라

확신

내가 울었던 날은
내가 고민했던 마음은

분명

앞으로의 나에게 도움이 된다
어떤 방식으로든 도움이 된다

그게 맞아

치열하게 살다 보면
편하게 이루는 사람이 부러울 때가 있다
괜히 심술이 나고 배가 아프기도 하지만
그럴 필요 없다
내가 잘 살고 있는 거다
뭐든 노력하는 사람이 멋지다

응원

당신
누구에게도 상처 받지 않았으면
누구도 당신을 속이지 않았으면
제 마음은 그게 다예요

세월 해결법

가만히 누워 있으면 된다
잠시 숨어 있으면 좀 낫다
아등바등 애쓰지 않아도
그냥 시간이 흘러 나아지는 일이
세상에 많다는 걸 알게 됐다

나무

사는 게 지쳐 숨어버린 사람을 욕하지 않고
돌아올 때 외면 대신 위로를 주는 사람이 되어야지
살아가다 그러지 못하는 일이 생기더라도
금방 다시 그런 사람이 되려 애써야지

위로

뜻대로 되는 일이 없던 하루
겨우 마무리하고 집에 돌아가는 길

그래도
무언가 한다는 것에 느껴지는
안도감

고민할 관계가 있어 다행이다
고민할 마음이 있어 다행이다

03

때론 돌아가고 싶은
믿고 다정한 기억이 있다

어쨌든 우리가 닿았다고

꽤 많은 관계가
나의 끊임없는 의미 부여로
만들어졌을지 모른다

친구에게 나는 서브 친구
전 연인에게 나는 그리 비중도 없는 옛사람
선생님은 나를 기억하는 척하셨지만 실은 모를걸
그 사람은 날 좋아한 적이 없다

스친 바람도
닿았으니 내 것이라고
어쨌든 우리가 닿았다고
고집을 부리던 지난 시절

있잖아

내가 우리 결말을 알고 있는데
말해줄까
아님 그냥 둘까

풀지 못하는 밤

그날 밤 자려고 누웠을 때
머릿속은 온통 네 생각이었는데

너도 그랬을까
네 밤은 어땠을까

다툰 날 밤이
가장 길다

느낌

내 기분 하나에
밤잠을 설치며 고민하던 네가

미안하다는 말도 없이
잠늘던 첫날

우리의 사랑도
특별하진 않겠다
싶었다

사랑을 하긴 했나 봅니다

이름 석 자만 들어도 코끝이 찡하거든요
나에겐 오래 그리워할 사람이 한 명 있습니다

새벽이 온 것도 모르고 눈빛을 나눴지요
우리는 서로를 바라볼 때 가장 행복했으니까요.

매일을 봄의 낮처럼 사랑하다
마주하던 두 눈이 감기기 시작하더니
이별이 찾아왔습니다
애써도 소용없더니 결국 그렇게 가 버렸어요

그 사람 얼굴을 보면 눈물이 납니다
누가 그랬어요
그게 사랑이라고

그 말이 정말이라면

나는 분명

사랑을 하긴 했나 봅니다

약속

우리 만약 헤어져도
미운 말은 하지 말자
그래도 사랑했으니까
잘 보내주자

후회는 없지만

사랑이 끝나니
그 시절의 나도 지워졌다

그때의 내 인생에는
그 사람 하나밖에 없었구나

이런 생각을 했다

넌 알까

먼저 잠에 든 너를 보다 운 적이 있어
우리에게도 끝이 있을까
잠든 네 뺨 만지며 스스로 천 번은 되묻던 문장

그날 우린 다투지 않았고 미운 말을 하지도 않았지
신기한 날이었어
그렇게 많이 싸웠는데 그날은 괜찮았다니까
조용히 넘긴 게 얼마나 다행이냐고

그런데 그날이 가장 무서웠다면 조금 웃길까

네가 곤히 잘 때
내 숨은 거칠고 슬펐는데
그걸 넌 알까

네가 깨어났을 때 그냥 자는 척했어

함께 눈 뜨면

이별이

서둘러 찾아올 것 같더리

너는 가고

네가 간 줄도 모르고 있다가
나만 여기 남았다

그렇게 발을 깊이 들일 생각은 없었는데

책임 없는 사이

이루어지지 않아서
여길 맴도는 거겠지

우리도 만났다면 헤어졌을 거고
다를 거 없는 인연이었을 거야
원래 가져보지 못한 게 아름다워 보이잖아

잠시 스친 관계에 의미를 두지 말자

아쉬움이지 사랑은 아닐 거야

알 리가 없지

너마저 날 떠나려 할 때
내가 얼마나 울었는지
떠나지 않게 해달라고
얼마나 많은 소원을 빌었는지
너는 모르지

알 리가 없지

남

그 애는 참 이상한 게
알면 알수록 먼 사람 같다
또 그 애는 이상한 게
미워도 자꾸만 생각이 난다

서운할 일도
마음 아플 일도 없을 때
그 애는 세상에서 가장 멋져 보였다

이별 규칙

우리 둘 중 한 사람이 이별을 말하면
미루면 안 되냐고 떼쓰지 말자
혹시 몰라 괜한 마음에
뒤돌아보지 말자
연락이 오지 않을까
핸드폰을 들여다보는 일도 하지 말고
일 끝나는 시간 맞춰
우연인 척 집 주변 서성이지도 말자

이별에 얼마나 큰 책임이 따르는지
아파도 알려주자

애매한 관계를 끌어
사랑도 아닌 것으로 남기지는 말자

헤어지자면

정말 헤어지는 거야

그 신댁을

책임질 수 있을 때 이별하자

남몰래

가끔 네가 보고 싶은데
들키면 안 될 때
그 노래를 찾는다

예감

내가 아침까지 잠들지 못한 채
고민을 했다는 건
분녕

이별이 오기 전이거나
이별이 왔거나

둘 중 하나

이별 현관

문 열어 줘
보고 싶어

오늘도 너는 나를 찾아왔다

그러니까
내가 너 다시 가면 안 볼 거라고 했잖아
한 번 더 이별이면
그건 진짜 이별이랬잖아

현관 앞에 앉아 귀를 대니
너 우는 소리 들린다

무릎 꿇고 용서를 구하는 남자와

주저앉아 입 막고 울며 견디는 여자

문 하나 사이에 두고
우린 아무것도 할 수 없다

이 문을 열면
널 볼 수 있지만
분명 이별은 다시 온다

듣고 싶던 말

너는 내가 만난 애 중 가장 좋은 사람이었어

아
이 말 들으니까
그동안 힘든 거 다 사라진다
그래도
너 위해 애쓴 마음에
후회는 없겠다
그렇게 말해줘서 고마워

여행

우리가 여행하던 거리는 늘 소란했는데
어쩐지 고요한 날이 있었다
너를 보면 내가 참 자주 울었는데
괜찮아서 이상하던 날
눈을 오래 마주하는 게 어색해진 우리가
서로를 빤히 보며 공허한 표정을 짓던 날

다툼이 없는 날이 있다
서로를 보는 눈이 밉지도 않고
헤어지자는 말이 오간 것도 아닌데
슬픈 날이 있다

잔잔한 사랑이 이별의 과정인 것 같은 날
여행을 마치면
각자의 집으로 돌아가야 할 것 같은 날

그리움

응 안녕
잘 지내고 있어
요즘도 깊은 잠은 못 자
여전히 생각이 많고
외로움도 자주 타
아 나는 궁금한 거 없어
너 잘 지낸다고 할 것 같단 말야
그럼 너무 속상할 것 같아
오늘은 이쯤 하고
다음 꿈에서 다시 만나자

명장면

그래도 가끔은 돌아가고 싶은
믿고 다정한 기억이 있다

한 사람의 눈에 울고 웃던 날들
내가 가장 예쁘고 못났던 날들

사랑 앞에서만 하는 실수

이상하지
사람들은 다정한 게 좋다면서
꼭 머리와는 다른 선택을 해

그리고 많이 울지
외롭다는 이유로

이별이 될까

너를 보고 있으면 눈물이 났다
아 나는 너를 떠날 수 없겠구나
그날 알았다

너에게만 멋진 말

서로의 인생에
조금만 더 늦게 등장했다면
좋았겠다

멋있어 보일 거라 생각해 한 말일까
나는 그 말이 가장 미웠다

바람

지금은 몰라
뭐 하며 사는지 몰라

하나 바라는 건

이렇게 가끔 나 떠올리다
내 이름
소리 내 불러보고 싶어 했으면 좋겠다

내가 바라는 건
그것밖에 없지

울지 마라

가장 힘들 때 나를 포기하고
또 가장 힘들다며 나를 잡는 사람

울지 마라
언제 또 떠날지 모르는 사람이다

서운한 마음

지겹도록 싸웠는데
마지막까지 모질게 굴 필요 있나

고생했다고
한번 해주고 가지

이별이 오는 소리

내가 싫어하던 사람을 만난다는 네 말에도
화가 나지 않았다

이번 주말을
함께 보내지 않는다고 해서
서운하지 않았다

그러다 어느 날은
아침에 눈을 떴을 때
네가 있지 않아도
될 것 같다는 생각을 했다

내가 졌다

시작부터 이별까지
나는 널 이길 수 없다

제자리

나도 널 떠나야
사랑받을 수 있다는 걸 아는데
한 걸음 떼는 게
그게 그렇게 어렵네

이럴 줄 알았지

내가 이만큼 비굴해질 거라는 것도
마음에 없는 말로 상처를 주는 연애를
하게 될 거란 것도 몰랐다
다시 하지 않을 거라는 다짐이
그 사람 다정한 말 하나에 없던 일이 될지도
겨우 괜찮아진 마음에 같은 상처를 주는 게
그 사람이 될지도 나는 몰랐다
그 사람 떠나버린 방 안에서
홀로 외로움을 느낄 거라는 것도 몰랐다

이럴 줄 알아서 안 한다고 했다
이럴 줄 알아서 무섭다고 했다
가장 아름답고 설레는 것이 사랑이라지만
몇 걸음 좁혀보면 또 이만큼 아픈 게 없다

사랑해

내가 처음 그 말을 한 날부터
나는 네 인생이 되고자 애썼고
네게 그 말이 옅어졌을 어느 가을에
우린 이별을 했다

등

그 등은
바다보다 넓어서 내게 기댈 곳을 주다가도

내가 지루해질 땐
내가 불러주면 좋아하던 네 이름을 노래해도
함께 쌓아온 기억을 꺼내도
돌아보지 않는다

가장 따뜻한 등
그리고
돌아서면
가장 차고 딱딱하던 등

체념

그날 이후로
너랑 노는 게 재미없어졌다
전처럼 질투가 나지 않았고
나도 다른 게 궁금해지기 시작했다
나는 어떤 상처를 받았을까
너밖에 없었는데

찰나의 꿈

짧았던 시간에 비해 나눈 얘기와 감정이 많다는 사실은
아주 오래 그 사람을 그리워할 이유가 되었다

우리가 더 아름다워질 과정이라 생각해 나누었던
봄을 닮은 말
언젠가 그가 나에게 해준 그의 가족 이야기
내가 어렵게 털어놓았던 아픈 일까지

우리가 함께이던 시간이 미워졌다

괜히 더 나누어 보겠다고
괜히 더 깊어지겠다고
노력해서는

그 사람 떠나고 나만 남아
그걸 끌어안고 우는 것이다

거짓말

네 말대로
더는 서로의 소리가 들리지 않을 때
우린 더 행복해질 거야
매일 내가 바르다 우겼는데 이건 네 말이 맞더라
네가 맞았다고
그러니까 와주라

장난이야 오지 마 나 원래 헛소리 잘했잖아
알지
그러니까 내 말은

힘들긴 한데 지금 하는 만큼 계속 버텨볼게
아 또 내가 뭐라는지 모르겠다

나 원래 말 잘하는데 네 앞에선 못하겠어
도대체 언제까지 나한테 이렇게 어려울래

많이 힘들다는 말을
그냥
빙빙 돌려서 했어

뱉지 못한 말

오늘 네가 하려는 말
하루만 미루면 안 될까

마음으로만 중얼댔지
네 앞에선 할 수 없던 문장

잘 지내나요

내가 틀렸다
비슷한 사람을 만났다면
사랑받을 수 있었을 텐데
사랑하는 법이 같았다면
달래는 법도 같아서
이렇게 외롭진 않았을 텐데

사랑은 내가
유일하게 소심해지는 장소

요즘은 그곳에서 만난
웃음이 예쁘던 사람이 자꾸 떠오른다

'유난히 다정하던 그 아이가 자꾸 생각나
그 애와 있으면 마음이 편안했고,
애정을 받는 기분이 들었으니까'

사랑이 미워요

내가 웃을 때 손뼉을 친단 걸
그 애 덕분에 알았지요
난 오른쪽 입꼬리가
먼저 올라가는 편이었고요
웃는 동안 마주한 눈은 뗄 줄을 몰라요

덕분에 배웠습니다

나를 가장 예쁜 얼굴로 웃게 하면서
가장 많이 울린 사람이기도 했어요

그 아이 말 하나에
세상은 까매졌다 밝아졌다 했고요
무릎을 꿇는 날도 많았으니까요

그래서 미운 사람인데 나는 참 이상합니다

사랑이 미워요

다음번엔 행복할 수 있을까요?

모양

우리 중 누가 더 힘들었을까
그리고 앞으로는 누가 더 힘들까
마음을 다한 사랑이 끝나고 나면
답을 알 수 없는 질문이 몇 개 던져진다

나는 남 탓을 좋아하지 않는 편이라
그럴 때마다
마른 팔에 고개를 묻으며 입을 다문다
그렇게 참다 보면
억울한 마음도 서운한 마음도
더디게 용서가 되는 것 같았다

그래도 우리가 한 사랑 조금 특별했으니
미운 마음 두지 말고 살아가자

어떤 모양의 사람들이 사랑을 받을 수 있을까
정해져 있다면 날 조금 덜어내어서라도
그게 되고 싶은데

종이 비행기

너무 보고 싶을 땐
서랍 속 구겨진 종이를 꺼내 참아 온 말을 적는다
비행기 모양으로 접는다
이게 네 앞까지 날아갈까

어떤 날은 바람이 반대로 불었고
또 어떤 날은 빗방울이 막았다

날지 못한 비행기가 내 발 앞에 쌓였다
그게 쌓여 난 다른 데 못 간다

그날 비가 오지 않았다면
이게 더 멀리 날아갔을 텐데
그러면 네가 돌아올 수 있었을 텐데

비행기 말고 배 모양으로 접었다면 달랐을까
좀 더 빳빳한 종이를 쓸 걸 그랬나

난 이 순간까지도 내 탓밖에 할 줄을 모른다

그래서 또 울겠지

보고 싶겠지 그립겠지
한동안은 모든 것이 너와 연결되겠지

너 좋아하던 반찬을 보고
우는 날도 있을 거고
함께 가기로 했던 바다를 찾는 날엔
아쉬움에 눈물이 나겠지

아침에 눈을 뜰 때
혼자라는 건 여전히 낯설 테고
어떤 날은 허전한 왼손을 보다 무너지겠지
더 많이 주지 못한 후회에 울기도 하겠지

'바보, 뭘 그리 우냐?

싫어서 떠난단 사람 밉지도 않은지
뭐 그렇게 서럽게 우냐.'

그 말에 또 내 편이 있다며
엉엉 울겠지

세 글자

한때는
누가 꿈을 물으면
네 이름 세 글자를 말했어
그러면 다 네가 부럽대
어떻게 이런 사랑을 받을 수 있냐면서

웃기지
우린 항상 그게 문제였는데

이제 나는 모르겠어

나에게 사랑은
꿈 대신 그 사람을 꾸는 일이었는데
그게 네게 부담을 줬잖아

후회는 없지
열심히 사랑했으니까
태어나 가장
열심히 한 일이었으니까

네가 잘 살면 아프긴 하겠다

나 사랑할 때 예뻤지?

듣고 싶은 말이 정말 많은데
삼키고, 삼키고
그러다 목이 턱 막히면
크게 운다

눈에서 내려오는 애랑 같이 삼키면
조금 잘 넘어갈까
그래도 소용없다

결국 오늘도 이 질문 하나가 남아
내 좁은 입안을 자꾸 맴돈다

그래도 나,
사랑할 때 예뻤지?

나는 있어

너무 미운 사람이
죽도록 보고 싶던 적 있어?

행복하지 않았으면 좋겠는데
막상 잘 안 됐다는 소식 들으면

왈칵
눈물이 쏟아져 버릴 것 같은 사람

무례해서 다행이다

나는 너도 마음 쓰는 줄 알았지
그래서 잘 지내지 않고 있었지

네 앞에선 어떤 모습도 쉽게 보이지 않았던 거지

네가 무례해서 다행이다
어제 그 모습을 보지 못했다면
나만 끝 앞에 남아 예의를 지키고 있었을 것 같아

그랬으면 너무 슬펐겠다

착각

그저 그런 관계였을 거다
별것도 아닌 마음이었을 거다
내가 의미를 붙인 거다
내가 유난을 떨었다

꿈에서 만나

온통 네 모습뿐인 꿈이
반갑다가, 밉다가, 좋다가, 슬프다가

그러다 얼마 후엔
잠들지 않고도 네 얼굴을 볼 수가 있어서
난 그게 가장 힘들었지

왜 또 내 이름 불러주냐?
왜 겨우 돌아서 가는 사람 멈춰 세우는데?
만나면 잔뜩 째려봐 주려 했는데
왜 아무것도 못 하게
그렇게 슬프게 쳐다보는데

아 진짜

이렇게 괴로운데
왜 꿈에서 나오길 그렇게 바랐는지 몰라
너무 후회된다
나 바보 같지?
기대해놓고 후회하는 습관 여전해

근데
내일도 볼 수 있으면 좋겠다

다시 나와 줄 거지

밉다

나는 밥 먹을 때도
자주 체하는 사람인데
사랑 앞에서는 그게 안 된다

차라리 체해서 앓고 나면
접을 수 있을지도 모르는데

밉다

봄이 싫어졌다

넌 등을 돌려 가버리고
나는 그 가운데 멈춰 서 울었지

사람이 그렇게 많은데
울 용기가 나던 날

너밖에 안 보여서
창피한 것도 잊은 날

봄이 오면
그 생각이 나는 게 문제다

사랑의 양면

힘없이 쥐면 달아나 버릴 테니까
양손을 써서 지켜냈지
숨이 막혀 떠날 줄은 몰랐지
나도 처음이라 거기까지는 생각을 못 했지

한 번만 다시 해보면 안 되겠냐고
소리 내 울며 말했지만
소용없었지

그리고 그날 알았지

하나만 보는 일이 누굴 힘들게 할 수 있다는 것을
무언가를 오래 지키기 위해선
손에 쥔 힘을 풀 줄도 알아야 한다는 것을

사랑의 양면

알지만,

여전히 이해되지 않는 것들

쉬운 일

쉽게 버리는 사람이 싫다
쉽게 버리고 다시 주워가는
그러다 또 지겨워지면 두고 돌아서는
그런 마음
이제 나는 싫다

한 번 버린 적 있는 물건은
또 그러기가 쉽다

정말 사랑

어떤 관계를 지켜내다 보면
포기해야 할 일이 생긴다

버리기 아쉬울 때가 있기도 하고

가진 것을 내려놔도
아깝지 않은 마음이 있다

그때는 정말 사랑이었다

그 사람 냄새

차고 더운물로 아무리 씻어내도
지워지질 않던 그 사람 냄새
자꾸 생각이 나 몇 번을 빨아도 소용없던
흰 이불,
여기 그 사람 냄새

우리가 다시 마주한 날
그렇게 그리던 얼굴을 보니
마음이 모두 정리되던 이상한 날
집에 돌아오니
거짓말같이 사라진 그 냄새

내 마음이 정리되길 기다렸다는 듯이
이제는 비슷한 향에도 떠오르지 않을 먼 냄새

그래도

이별이 되긴 하던 신기한 경험

아 그래도,

다시 겪고 싶지 않은 슬픈 경험

네가 남긴

나에겐 아직도 몇 가지 버릇이 남았다

기차 소리가 커질 때
눈을 질끈 감는다든가
아침잠 없던 너를 만나느라
일찍 일어나는 습관이 생겨버린 거
이어폰 한쪽은 빼고 걷는 거

사랑이 끝난 후에도
정리되지 않는 것들이 있다

남은 버릇 사이에서 너를 볼 때
참 힘들고
올 때도 갈 때도 소란한 네가 밉다

그래도 그 장면이 그리울 때는 있다
둘의 웃음소리만으로 새벽을 가득 채우던 때
네가 가장 니답고
내가 가장 나답던 때

때론 돌아가고 싶은 밉고 다정한 기억이 있다

사랑을 참은 적이 있다

우리가 같은 계절을
두 번씩 보내던 해에 나는
사랑할수록
네가 멀어지는 것 같다는 말을 자주 했다

버려지고 싶지 않아 사랑을 참은 적이 있다

내가 솜사탕 너는 비

나 어릴 때 꿈꾸면 항상 행복해지려는 순간에 깼는데 다시 잔다고 이어서 꾸는 기적은 거의 없었다 사랑도 그러더라 조금 더 견디면 행복할 수 있었을 텐데 두고 달아나더라 나는 꿈에서 해보고 싶던 일이 많았는데 늘 기적을 앞에 두고 깨더라 그러다 가끔 절대 안 깨는 날이 있는데 참 묘해 설레는 마음으로 솜사탕을 사 널 기다리는데 비가 오던 꿈이 생각난다 젖은 솜사탕은 꼭 우리 어려운 연애 같았지 내가 솜사탕 너는 비

사랑이 맞다

시간을 돌릴 수 있다 해도
난 너를 만났던 곳에 있을 것 같다
처음 만난 날 처음 만난 그 자리에 앉아
네가 좋아하던 웃음을 보이며 얘기를 할 거고
가장 늦게까지 자리를 지키다
우스운 핑계로 집 가는 길 함께할 거다
네 고백엔 여전히 같은 답을 할 거고
같은 추억 만들고 싶다
그러다 네가 또 나를 떠나겠다면
그날처럼 마지막으로 한 번 더 안아달라 하겠지
아무리 아팠어도 내 선택은 틀리지 않았고
그때 준 마음에는 후회가 없다
사랑이 맞다

끝

꽃이 시들었다
이 담엔
선인장 하나를 돌봐야지

04
그래도 다시 따뜻한
사람이 되자고

왜 이리 어려운지

바쁘다는 핑계로
열세 번째 걸려 온 전화 겨우 받고

그마저도
어, 왜, 어, 왜, 아니, 왜, 어 끊어

전화를 끊고서 한숨을 푹
더 살가울걸 더 살가울걸

집을 나서서 만나는 어른들에게는
그렇게나 친절하다

표현이 서툰 사람들은
자기 가족한테 잘 못하면서

밖에서 그렇게 다정할 수가 없다

가까운 사람에게만
왜 이리 어렵나요

매일 다른 얼굴의
낯선 남의 엄마아빠에게
살가운 딸이 되어 본다

괜히

사랑한다는 말로는

'반찬 보내달란 말을 안 하네
먹고 싶은 거 있음 해줄게'
'얼룩 안 지워지는 옷 또 있니
나 있을 때 꺼내놔'

사랑한다는 말이 어려울 때마다
울 엄만 그렇게
반찬을 해다 주고 얼룩을 지워준다

'어 아빠 술 마신다'
'삼촌들이 할 말 있다고 하네? 바꿔줄게'

지난날 미안했단 말이 어려울 때마다
울 아빤 그렇게

술에 취해 전화를 건다

부끄러운 말이 익숙하지 않은지
이렇게 저마다의 방법으로 마음을 전한다

사랑해
라고 말하고플 때마다
빨래를 해주고, 장을 보고, 반찬을 식히고
술의 힘을 빌려 전화를 걸고, 친구에게 넘긴다

내가 이렇게 엄마아빠 글을 쓰는 것처럼
그 말이 어려울 때마다
괜히 엄마아빠 글 한 번 더 쓰는 것처럼?

누구에게나 사랑의 언어가 있다

너를 만나

사랑은 관찰력이 아닐까
어떤 말에 네가 기뻐하는지 알아야 하고
싫어할 만한 것을 피하기 위해 공부해야 하고
나를 배려하는 순간을 놓치지 않아야 하며
네가 절대 생색내지 않을 숨은 노력은
내가 발견해 줘야 하니까
주는 것에만 감동해도 넌 충분하겠지만
숨은 마음과 사랑까지도 내가 봐주면 좋으니까

사랑을 하면 분주해진다
너를 보고 듣느라

그러는 동안
다른 건 별로 궁금하지도 않게 된다

어떻게 알고

오랜만에 친구들 만나
내 마음을 알 리 없는 사람에 대한 고민을 털어놓는다

생각 없이 핸드폰을 보니
연락 하나 와 있다

요즘 어떻게 지내냐는 물음

이게 무슨 일이래
마침 네 얘기를 하고 있었는데

연락 하나에 웃고 있다

일기

여기까지 차올랐는데도
보여주지 못하는 거야

나 같은 사람은 그래
나 같은 사람도 있다

보고 싶었다는 말 해주고 싶은데

지금일까

결국 사랑은 타이밍이다
두 사람이 어떻게든 마주쳐야 시작이 되고
자주 만나려면 시간이 맞아야 하고
서로의 옆에 아무도 없어야 하며
사랑할 용기가 둘에게 남아 있어야 가능한 것이기에

그래서 어렵고
그래서 소중하다

Muse

일생에 한 번은 뮤즈를 만난다고 한다
보통 그게 마음에 자리를 잡으면 지속된다고

인생을 바꿔줄 사람
이렇게까지 할 수 있구나
싶을 만큼 예외가 생기는 사람

나는 어떤 이의 뮤즈가 될 수 있을까

시절 인연

친한 친구에게 새로운 친구가 생기는 게
그렇게 서운했다
매일 통화를 하고 주말마다 나를 찾던 그 애가
다른 친구와도 고민을 나누고
생일을 보내고 사진을 찍어 올리는 게 슬펐다

시간에 따라 가까운 사람들이 바뀐다고 한다
우리는 그저 때가 맞을 때
최선을 다해 아름다운 추억을 쌓을 뿐. 그러니

네 일상이 멀어질 때도 나는 너를 응원하려 한다
우리의 시간이 맞을 때 다시 만나
기쁜 마음으로 너를 반겨야지

시절에 따라 인연은 달라질 수밖에 없다

미우면 사랑하라는데 쉽니

내가 너무 잘 웃어서
착한 척일 거라며 따돌렸던 민희
잘해보려 다가가도 멀어지던 애

갑자기 연락 끊고 나를 떠나더니
외로운 어떤 날에
그냥 싫어해서 미안했다고 사과하던 서연이
그러고서 또 갑자기 나를 떠난 나쁜 애

니가 동생이니 참아
니가 착하니 미안하다고 해라
늘 참으라고만 가르치던 어른들
나 아주 속상했어요

미우면 사랑하라는데
너는 그게 쉽니
어떤 일에서는 죽어도 안 되더라

아닌가
어쩌면 나는 하고 있을지도
사랑하니 이런 글을 쓰고 있을지도

고향

정말이지
네가 아니라면 지금의 내가 있었을까

네가 흔들릴 때도 꼭 기억해야 해
네 덕에 살고 있는 한 사람이 여기 있다
무슨 뜻이냐 하면

언제든 와도 좋다는 말

나랑 약속

잘하고 싶어서
골머리를 썩이는 것만으로

이미 충분히
삶을 사랑하고 있다는 것을
너는 모르는 것 같다

네가 너를 아끼니
힘든 것이지

울어도 되고
쉬어도 되는데
멈추지는 않겠다고 약속

약해도 좋은데 비겁해지지는 말기

같이 가자

포기하지 않으면 좋겠어

너를 내려주고도
아무 일 없듯 세상이 흘러간다면
좀 억울하지 않겠니

아직도 한참 남은
네가 모르는 세상을
마지막 한 숟가락까지
긁어 먹고 가면 좋겠다는
말이야

같이 가자
내가 네 옆에 탔다

세상엔

서러울 만큼 맛있는 게 많고

억울할 만큼 행복한 일이 많고

너를 바라며

길 따라 돌탑이 그리 많다
낙산사랬나
하필 그 길 이름도
꿈이 이루어지는 길
사람들은 그리도 소원을 빈다

어딜 가나 그랬어
연못 안 돌 바구니에는 동전이 넘치고
돌멩이만 있으면 그렇게 탑을 쌓아대지
그게 없으면 모래로라도 성을 쌓는 게 인간이다

나는 사람이
그런 것들을 쌓을 때만큼은
순수해 보이니 귀엽다

저 안에 모인 건 무엇일까
동전보다 무거운
사람이 바라는 모든 것들

무언가가 간절해지면
그 안이 궁금해

동전이 몇 개나 있을지
세어보고 싶어

너를 바랐던 사람이
얼마나 되는지
알고 싶어

누가 나에게

좋을 때 깊어질 때 잘하는 것은 쉽다

사실 중요한 것은
우리가 아무것도 모를 때

그저 서로가 좋기만 해서 뛰어든 일에
얼마나 포기하고 배려하고 희생할 수 있는지
얼마나 의리 있을 수 있는지

난 거기서
사람의 마음이 좀 보이는 것 같다

그냥

마음을 다해 사랑해본 적 있어?
나는 그런 적 있어

그렇다면 지금 마음은 어때?
가끔 생각나?

내가 이상한 건가 싶어서

좋은 사람이 오려고 그러나 보다

사랑한 적 없는 사람은
누굴 미워할 수 없다

사람을 좋아해 봐야
사람 때문에 울 수 있다
사람 때문에 웃을 수 있다
사람을 미워할 수 있다

다시 누굴 사랑할 수 있다

담담하게

그냥 원래 내 것이 아니었다고 생각하자
나는 세상에서 그 사람을 잠시 빌렸고
이제는 돌려줄 시간이 될 거라고
한숨 자고 일어나면 없던 일이 될 거라고
그 사람은 꿈이었다고 생각하자
얼마간은 엉엉 울겠지만
더 오래 사랑을 구걸하지는 말자
눈을 감는 일이 지옥이겠지만
이제 다시 볼 수 없을 사람이니
완전히 사라질 때까지 피하지 말자

살아온 만큼 이별에 담담해지자
이게 나의 이별이라고
또 이렇게 어른이 되어간다고 생각하자

오래 오래

그날 내가 고민한 건 오래 보자는 말이었다

오래 보자
이 말이 왜 이리 좋을까
누가 나에게 다정하면
오래 보자는 말이 혀끝에 찬다

오래 봐요
나랑
오래 봐 주라

다시 볼 수 있을까

아쉬움이 없어 보였다
그렇다고
정이 없는 건 또 아녔다
분명 웃음은 따뜻했으니까

좋은 사람

예전에는
나한테 자꾸 뭘 주는 사람이
좋은 사람인 줄 알았다
누가 생각나 무언가를 산다거나
나누고 싶은 마음에 내 욕심을 포기한다는 것은
나에게 분명 사랑이니까

시간이 흐르며 명확해지는 것은
좋은 것을 주기는 쉽다는 것

이제는
내가 아플 일을 주지 않는 사람
그러니까
생각지 못한 거 주는 감동보다

내가 많이 울 일을 만들지 않는 사람
나쁜 마음
나쁜 말
주지 못하는 사람이 좋다

회고

12월은 이상합니다.
겨울에만 들을 수 있는 노래도 좋고
초록 나무와 하얀 눈이 아름다운데
그 끝이 다가오면 늘 생각이 많아집니다

어른

어쩌면 어른이 된다는 건
적당히 다정하면서
적당히 너러운 사람이 된다는 게 아닐까

해야 할 말과
하지 말아야 할 것을
구분할 줄 아는 사람이 되는 일

새와 나만 아는 이야기

바깥이 무서워 깜깜한 숲으로 도망 온 적이 있어. 여기서 정말 많이 힘들었는데 예쁜 새가 한 마리 날아온 거야.

날개를 다쳤대.

신기한 마법이나 멋진 깃털을 가진 새도 아니었지만 그 애가 옆에 있는 것만으로 난 충분히 행복했어. 그래서 매일 돌보고 내 꿈을 포기해가며 그 애를 지켰지. 그 애는 내 상처를 돌보았고 나는 그 애 상처를 안아줬어. 남들은 모르는 우리의 비밀 얘기도 장소도 특별한 잠버릇도 많았다?

그게 영원할 줄 알았는데 아니더라

그 애의 아픈 어깨가 나았어.

그게 나으니 그 애는 날고 싶어 했고 나는 그게 무서웠어. 나를 떠날 거 아냐. 여기 같이 있자고 좋은 날이 더 많을 거라고 떼를 썼지.

그래서 자꾸만 잡고, 잡고, 잡았는데.

행복한 꿈을 꾸며 잠에 든 날 두고 그 애는 멀리 날아가 버렸어

내가 없어야 날 수 있던 거였는데 나는 그걸 몰랐지 그 새에게 내 까만 숲은 너무 답답한 공간이었다는데 오래 고집을 부렸지 아주, 나중에, 나랑 같이 날아 여행하자며 억지를 썼지

그 아이에게 너무 미안해
그리고 밉다 내가 참 좋아했는데

그래도 얘야. 꼭 잘 지내야 해. 네가 원하던 대로 넓은 하늘 원 없이 보고, 잘 익은 열매도 따 먹으며 잘 살아야 해. 그래도 한 번쯤은 내 생각해야 해? 가끔은 그날을 그리워해줘야 해?

많이 보고 싶긴 하겠다
이건 새와 나만 아는 이야기

울더라도

삶이 연한 연필심으로 쓰인 글이라면
자주 틀려도 금방 지워낼 수 있을 텐데

그러면 쓰다 지우다
내가 원하는 만큼 살아갈 수 있을 텐데

네 연락

'소식 들었어. 축하해.
책이 나오면 제일 먼저 축하하기로 했잖아.
그래서 연락하고 싶었어.'

그 말을 기억했구나
그 마음을 기억했구나

맞아 그래서
내가 널 좋아했던 것 같아

되지 않는 일

좋아하는 법도 알고
사랑하는 발음하는 법도 연습하고
그 사람을 돌보는 법도 배웠는데

그가 떠난 후에
혼자 잘 살아내는 건
여전히 어렵습니다

봉오리의 꿈

길가에
장미꽃이 예쁘게 폈다

'활짝 폈네.
나도 금방 피울게.
곧 올게.'

기댈 곳

볼수록 괜찮은 사람이 되고 싶다
첫눈에 주목받는 건 이제 싫고
조용조용 살다
따뜻한 사람 눈에 잘 들어오는 사람이 되고 싶다
조금 더 과묵한 사람이 되고 싶고
그 무거운 입에서 나온 말의 무게 또한
무거울 수 있음 좋겠다
다가가기 쉬워 보이지만
또 가끔 주는 어려움이 묘한 매력인 사람도 될 거다
그러다 가까워진 나중엔
힘이 들 때 가장 먼저 떠오르는 이름이 되고 싶고
좋은 일이 생길 때 가장 먼저 알려주고 싶은 사람이 되고 싶다
내가 꿈꾸는 사람은 이래요

이기는 법

오늘을 마지막으로 저 사람을 볼 일이 없대도
마음에 남을 상처를 주는 사람이 되고 싶진 않다
지는 편이 낫다

성장통

미워할 줄 알아도 용서하는 법 몰라서
괴로운 맘 안고 밤잠을 설친 날이 있다

화가 나서 말했지만 그때 그러지 말걸
몇 년이 지나도 후회가 여전한 말이 있다

두 번 다시 보지 않을 것처럼 돌아섰지만
걷다가 한 번이라도 마주치길 바랐던 사람도 있고

조금 더 애쓸걸
실패한 시험 뒤에 세상이 떠나가라 운 적 있다

그리고 지금 생각해 보면
그런 날은 분명 필요한 날이었다

사랑은 좋아

사랑은 좋아

아침에 눈을 뜨고 싶은 이유가 생겨
오늘 하루 인상적인 일을 공유할 상대가 생겨
더 멋진 사람이 되기 위해 노력하고 싶어져

덜 누리는 일이 아쉽지 않고 행복하다면
얼마든지 사랑할 수 있다

순서

노력하지 않았기 때문도
덜 간절했기 때문도 아니다

나는 노력했다
애썼다

단지
이번 차례가 아니었던 거다

나는 실패를 하는 게 아니라
내 차례가 오기까지
더 완벽한 준비를 하는 것이다

사랑해서 그래

누굴 깊게 사랑할수록 우는 날이 많았고
간절한 꿈일수록 불안함이 컸다
마음을 깊게 주면 아픈 날이 많아진다
사랑할수록 아픈 것들이 있다

지나가요

잊어야 다음이 있다
보내 줘야 또 다른 사랑을 받을 수 있고
집을 줄 알아야 또 다른 꿈이 온다
잊으면 다음이 있다

누가 제일 그리우냐면

살다 보니 누가 제일 그리우냐면
무슨 일에도 내 편이었던 사람
내가 싫다면 다 싫고
좋아하는 하늘만 보여준 사람
차고 뾰족한 세상에서
나 지켜 내겠다고 꼭 안아주던 사람

마주하기

내가 널 사랑하는 것보다 네가 날 덜 사랑했다는 것
나에게 미안해서 잡을 수 없던 게 아니고
그냥 그만한 마음이 없어서 그랬다는 것
그때 내가 성공하지 못한 건
운이 안 좋아서가 아니라
나보다 애쓴 사람이 있었기 때문이라는 것

눈 감고 귀 막아 외면하고 싶은 맘도 있지만
마주해야 다음이 있는 일

내가 잘못했고
내가 덜 노력했고
내가 덜 매력 있는 사람이라는 걸
인정하는 일

노래와 기억

어떤 노래에는 푸른 바다가
어떤 노래에는 분홍색 수놓은 노을이
어떤 노래에는 별똥별이 많이 내리던 밤이

그리고 어떤 노래에는
내가 가장 행복했던 순간이 떠올랐다

내일 할 일

나를 떠난 사람들에게
상처를 주고 싶지 않았고
그들이 울기를 원하지도 않았다

다만 나를 아쉬워했으면 싶어서
열심히 사는 것밖엔 할 일이 없다

우리는 얼마의 기한을 가졌을까

언제부턴가 새로운 사람을 만나면 끝을 먼저 내다보게 됐다 우리는 얼마의 기한을 가졌을까 우리 끝은 웃음일까 울음일까 아니 서로를 미워하게 될까 누가 좋아도 끝이 있을까 걸음을 뒤로하는 내가 못났다 온 마음을 다하던 내가 그걸 덜어 보여주고 있으니 예전만큼 예뻐 보이지도 않는다 상처가 많은 사람 다만 우리 잘못이 아니란 걸 말해주고 싶다 그래도 우리 다시 따뜻한 사람이 되자고 말해주고 싶다

참아야 하는 사람

누가 좋아질 것 같으면 거리를 둔다
깊어진 마음 앞에 서로 상처받는 것보단
나 하나 아쉽고 힘든 편이 훨씬 낫다

가까워지고 싶어도 참아야 하는 사람이 있다

따라 해 봐

자, 나랑 눈을 맞추고
양쪽 입꼬리를 올려 봐
그리고 눈을 한 번 감았다 뜨면서
고개를 끄덕이는 거야

'난 네 편이야.'

말하지 않고도
마음을 전할 수 있는 신기한 표정

꿈

마음 들키지 않고

누군가를 좋아할 수 있는 유일한 시간

이상형

재미없고 진지한 사람이 좋다
그런데 내가 좋아서 표현할 줄 아는 사람

가끔 우리만 아는 장난
센스 있게 던질 줄 아는 사람
그래서 날 웃게 할 수 있는 사람

나를 위해 울 줄도 아는 사람

결말

아이는

오래오래 행복하게 살았답니다

에필로그

나 떠나고 행복했어?
나 보고 싶을 때 많았지?
많이 후회했지?
나 사랑할 때 예뻤지?
나만 한 사람 없지?
참 밉다

그래도

몸 건강히 지내
그거면 될 것 같아

2023년 6월 19일
여름이가

첫사랑 에디션
우리에게 아직 사랑이 남아 있다면

1판 1쇄 펴낸날 2022년 8월 31일
2판 1쇄 펴낸날 2025년 8월 23일

지은이 박여름

책만듦이 김미정
책꾸밈이 디자인나울

펴낸곳 채륜서 **펴낸이** 서채윤
신고 2011년 9월 5일(제2011-43호)
주소 서울시 광진구 자양로 214, 2층(구의동)
전화 02.465.4650 **팩스** 02.6442.9442
book@chaeryun.com www.chaeryun.com

ⓒ 박여름. 2025
ⓒ 채륜서. 2025. published in Korea

책값은 뒤표지에 있습니다.
ISBN 979-11-85401-86-7 03810

잘못된 책은 바꾸어 드립니다.
저작권자와 출판사의 허락 없이 본 책의 전부 또는 일부 내용을 사용할 수 없습니다.
저작권자와 합의하여 인지를 붙이지 않습니다.